Les Parisiennes chez elles

TEXTE DE GASTON BONNEFONT

NOS BELLES MONDAINES

ILLUSTRATIONS d' ALFRED MONTADER

Marion de Lorme

ERNEST FLAMMARION, ÉDITEUR
26, RUE RACINE, 26
PARIS

Marion de Lorme.

Marion de Lorme.

VENUE de Wagram. Un hôtel moyen âge, dont la note artistique est mise au diapason du goût de notre temps.

Sur les tapis épais qui couvrent les marches de l'escalier, les pas restent sans écho, et, dans la pénombre qui règne, l'œil se prépare à une perception complète des couleurs vives et chatoyantes qui tout à l'heure vont l'impressionner.

Malgré soi, comme avant d'entrer dans un temple, on se recueille; puis, soudain, la lumière, moins diffuse, éclaircit le palier, venant d'en haut, filtrant à travers un vitrail représentant le diable en son enfer. Un diable à l'air terrible, aux yeux démesurément écarquillés, à la bouche armée de dents féroces, avec, tout autour, des flammes, qui, si l'on était d'un caractère faible, effraieraient un tantinet. Mais l'emblème, ici, est trompeur. Si l'on vous montre Satan, c'est, non point pour que vous abandonniez toute espérance, mais, bien plutôt, pour que, tout à l'heure, vous goûtiez mieux, par le pouvoir du contraste, le bien-être du

monde des appelés et du séjour des élus. Pénétrez donc
céans sans nulle inquiétude et sans aucune appréhension.

Voici, à droite, le salon, très grand, rectangulaire,
prenant jour sur l'avenue par trois larges
baies garnies de rideaux en velours de
Gênes montés à l'italienne. Le plafond, de couleur vieux rose, est
à poutres apparentes. Dans un
angle, un Pleyel, habillé de bro-
cart de soie, et, à côté,
un casier à musique où
sont rangées des parti-
tions de chefs-d'œuvre.

Bien rarement, sous
les doigts roses de la
maîtresse de la maison,
ce piano fait résonner
les accords d'une mu-
sique de contrebande.
Marion de Lorme, en
effet, place l'harmonie
sévère des maîtres au-
dessus des turlutaines et des
cascades vides d'envolée. On
la voit souvent à l'Opéra et à l'Opéra-Comique ;
jamais on ne la rencontre dans les théâtres d'opérette ni au café-concert.

En tous ses goûts, d'ailleurs, elle est ainsi. Graves sont les sourires qui
mettent des fossettes aux coins de ses lèvres, et, dans les paroles que le
timbre de sa voix rend douces comme des caresses, il n'y a place pour
aucune trivialité. Vous pouvez être sûr que, parmi ses nombreux adorateurs, ceux sur lesquels complaisamment s'arrêta son regard furent tous
des aristocrates du goût et de la pensée.

Chez elle, entourée des élégances dont elle a fait un cadre à sa beauté,
petite et mignonne, elle apparaît comme une vision rêveuse et recueillie.

C'est seulement dans le tête-à-tête discret des causeries franchement amicales que son visage s'anime, que ses propos se colorent d'une nuance de gaîté; alors, sous le réseau des blonds cheveux le front s'éclaire, alors les yeux bleus prennent un éclat particulier, les lèvres laissent voir davantage les blanches dents incapables de mordre, la fine taille prend une souplesse ondulante dont le charme attire et séduit.

A contempler plus longtemps la femme, on s'oublierait bien volontiers; mais, afin d'être discret, on terminera ici son examen pour continuer la description des richesses chez elle accumulées.

Aimez-vous les tableaux, — les beaux tableaux? Les panneaux du salon en sont couverts. Voici, d'abord, le portrait de Marion par E. Arcier; la belle carnation du modèle se détache en pleine valeur sur le fond sombre de la toile, mais comme ce modèle, sans doute, posa sans causer, le visage est empreint d'une sévérité altière que ne mitige aucun sourire. Voici un délicieux paysage de Robert Mols; voici une *Fin de journée en Alsace*, de C. Hildebrand. Voici, encore, une scène flamande de Jean Steen, un Saint-Aubin, un dessin de Boucher, une sépia de Fragonard, une composition d'Innocenti, des ébauches de Montégut et de Louis Morin. Voici, enfin, une merveilleuse aquarelle de Meissonier, — Coquelin cadet dans le rôle de Don Annibal, de l'*Aventurière*, — où se retrouvent toutes les qualités du maître, le fini de l'esquisse, l'exactitude des détails, l'harmonie de l'ensemble. Çà et là, sur des consoles, des bronzes et des

marbres : la Vénus Callipyge, l'Arlequin de Paul Dubois, l'Esclave de
Millet. Dans des bahuts à panneaux vitrés, d'amples collections de b belots,
statuettes de Sèvres et statuettes en Saxe, émaux, ivoires. Du reste, des
causeuses et des fauteuils au bois clair ou doré, aux riches étoffes, des
plantes de serre, des lampes hautes sur pied, à la lumière desquelles, près
de la cheminée monumentale, par une soirée de repos où ne sont pas
allumés le lustre et les appliques aux branches ornementées de fleurs de
lys, feuilleter le dernier roman de Loti ou de Bourget.

En face du salon, de l'autre côté du palier et sur le derrière de l'hôtel,
se trouve la salle à manger, carrée, recevant le jour d'en haut à travers
un vitrail représentant un
hippogriffe. La table, le
buffet et la desserte sont
en bois d'ébène, avec des
incrustations en argent et
en vermeil qui constituent
des chefs-d'œuvre d'or-
nementation. Le buffet est
garni de vaisselle plate ;
sur la desserte, on a disposé une corbeille et des
vases en argent et cris-
tal taillé. Les chaises
sont en ébène comme
le meuble, avec dossier
et siège en maroquin
rouge. Du vitrail descend
une suspension aux cise-
lures lourdes. Sur l'un
des murs, un tableau de
fleurs, par Thurner ; sur
un autre, une jolie nature
morte de E. Lefebvre. Le
lundi de chaque semaine,

il y a grand dîner chez Marion de Lorme; à ces réunions charmantes et à ces chères délicates on ne saurait désirer cadre plus élégant.

Le deuxième étage est occupé par la chambre à coucher et le cabinet de toilette. La première, combien jolie! le second, combien coquet!

Blonde, Marion de Lorme a fait tendre les murs de sa chambre en velours bleu turquoise, le plafond en satin vieux rose plissé. Pour tout luminaire, une jolie lanterne en bronze et Saxe, pendue au plafond. Contre un panneau, un pastel, d'un modèle parfait, représente, chaste dans sa

Marion de Lorme

demi-nudité, une femme aux formes impeccables; cette femme, vous devinez qui c'est. De grâce, madame, de grâce, ne le montrez jamais à des profanes, ce portrait; qu'il reste toujours là, près de votre lit, visible seulement pour l'élu de votre choix, pour celui que vous jugerez digne de constater que la beauté du modèle l'emporte encore sur la beauté de la copie.

Dans cette chambre, temple fait pour un poète païen amoureux d'une fée de l'Olympe, le lit est un autel. Oncques duchesse ni reine n'en eut de plus beau. Il est en bois de rose, avec des panneaux de porcelaine de Sèvres où la fantaisie d'un artiste a peint de son pinceau triomphant des farandoles d'Amours enguirlandés de fleurs, avec un fronton où sont reproduits, comme en une évocation du grand siècle des passions, les traits de Mme de Lamballe. Jadis il appartint à Gabrielle Elluini, dont la renommée a perdu le souvenir et oublié le nom, et, après avoir figuré dans plusieurs expositions, il fut acheté à prix d'or par Marion de Lorme, qui saura le garder.

Mentionnons encore la chaise longue où, aux heures de paresse, sommeille la maîtresse de céans, le secrétaire Louis XVI, à cylindre, où elle écrit sa correspondance, où elle enferme les lettres qu'elle reçoit. Ah! petit bureau, si tu n'étais discret, que d'intéressantes histoires tu fournirais aux faiseurs de romans à court d'imagination! Que de délicieuses idylles tu contiens, d'une douceur et d'une tendresse nullement gâtées par de vulgaires considérations!

Marion de Lorme, en effet, est une sentimentale qui souvent s'égare dans les sentiers où les beaux rêves font oublier les dures réalités. Tandis que, pour d'autres, la vie se résume en une suite de faux calculs, elle cède aux attirances qui promettent plus de suavités que de profits, consent à des échanges de fantaisies que n'accompagne aucun traité. Après les somnolences et les repos, son petit cœur a des éveils brusques, des sursauts où il s'avive. Plusieurs fois, dit-on, il résulta de ces éveils et de ces sursauts de longs pèlerinages en des pays lointains, d'où Marion ne rapporta que des souvenirs pratiquement inutilisables. Si ce n'est pas ainsi qu'on fait les bonnes maisons, c'est ainsi qu'on sème des rayons dans son existence et dans celle des autres, c'est ainsi que l'on se réserve de doux

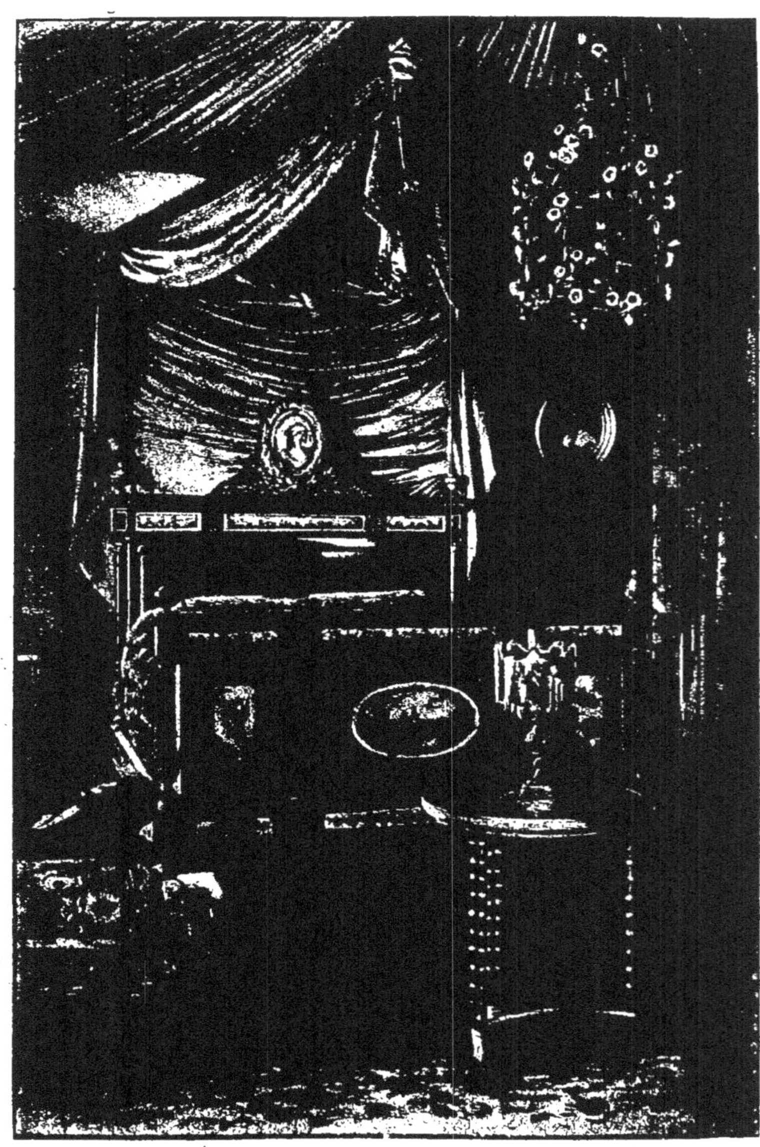

souvenirs pour les années où le présent se dore des caresses du passé.

Aux courses, aux bals, aux fêtes, à Paris ou à Nice, à Longchamps ou à Trouville, là où elle paraît en pompeux atours, recueillant les adulations et les hommages, Marion de Lorme se laisse aller quelquefo s à la griserie ambiante ; elle joue et elle danse, oublieuse de tout rôle, et l'on pourrait croire, à voir son insouciance et son abandon, qu'elle aime à gaspiller le temps. Il n'en est rien cependant. La vérité, c'est que la jeune femme, en ces occasions, cède à un entrainement passager qui finit avec la dernière partie ou la dernière valse.

Que si elle s'écoutait davantage et se refusait aux concessions, sa vie serait calme et uniforme ; ses goûts, en effet, sont ceux d'une bourgeoise façonnée aux principes d'ordre et de régularité. En sa demeure, elle se plaît à l'accomplissement des travaux féminins ; elle arrange et dispose, prend soin de ses bibelots, se fait ménagère à l'occasion. Elle sait l'économie domestique, connaît la valeur des choses, occupe les heures utilement au lieu de les perdre. On lui a prédit qu'elle se retirerait un jour en quelque manoir,

pour y vivre, non pas en dévote, mais en sage, ne demandant rien au monde et n'attendant rien de lui. Pareille fin serait, en effet, dans ses goûts ; mais elle a tout le temps de songer à faire une fin. Actuellement, elle jouit de la vie sans en abuser, sans jamais fournir un aliment à la chronique scandaleuse. Nul ne s'est suicidé à sa porte, nul ne s'est ruiné pour payer son luxe.

Voici, enfin, le cabinet de toilette, tendu de rouge, meublé d'une

armoire à glace en ébène incrustée de nacre et d'une table en marbre
rose, orné d'une multitude de cristaux, de faïences et de bibelots, éclairé
par un lustre de Venise en fer forgé. Sur une console d'angle, une femme,

moulée en bronze, apparaît en une nudité que voile à peine le peignoir
dans lequel elle va s'envelopper.

L'hôtel a un troisième étage, où l'on a installé une salle de bains et
deux chambres d'amis. Là, le confortable règne sans luxe ; de braves

bourgeoises anglaises s'y trouveraient fort bien, et, jalouses de leurs habitudes de pruderie nationale, ne voudraient peut-être pas descendre à l'étage au-dessous... Tous les goûts sont dans la nature.

Lorsque, l'heure de la retraite arrivée, Marion de Lorme se réfugiera en des sentimentalités sans égoïsme, sans gloriole et sans passion, lorsqu'elle aura remplacé les amours qui usent par les affections qui conservent, l'existence, encore, sera pour elle pleine de charme, parce qu'elle retrouvera dans le passé des souvenirs où reposer délicieusement sa pensée, parce que des adorateurs de la jeune femme la plupart seront devenus des amis de la femme vieillie. L'évocation des jours jadis vécus lui sera une source d'émotions douces que nul remords n'empoisonnera ; philosophe païenne, elle estimera qu'ayant été belle, elle devait être bonne, comme, pour tous ceux qui l'implorèrent, le fut aux temps antiques Hélène, que le plus grand des poètes appelle la plus noble des femmes. Elle se dira qu'elle ne fit jamais de peine à personne, qu'elle sema des fleurs de nulles épines entre-mêlées, et que, à notre époque où saint Pierre, porteur de clés, a remplacé Caron, meneur de barque, la religion elle-même est, presque autant que la poésie, indulgente à qui beaucoup aima.

Ainsi sera-t-elle peut-être raisonnable plus encore que raisonneuse. Libre, après tout, de sa personne, pourquoi n'aurait-elle pas le droit d'en disposer à son gré ? Puis (question aussi vieille que la société), au nom de quel précepte de morale naturelle, au nom de quel principe défendre à un être humain d'obéir à la loi suprême, qui est l'échange des fantaisies et son corollaire obligatoire des contacts vainqueurs ? On assure que sur dix couples dont l'union a été légalement consacrée par monsieur le maire et sacramentellement bénie par monsieur le curé, il en est neuf — au moins — qui se trompent réciproquement. Qu'à ceux-là on jetât la pierre, ce serait admissible, puisqu'ils violent des serments volontairement échangés, desquels ils ont pris leurs semblables à témoins; or, ce sont eux que le monde absout, et c'est à qui n'a souscrit aucun contrat qu'il réserve ses sévérités. Ainsi va l'injustice sociale, quand elle se fonde sur la pruderie et sur le préjugé; ainsi devient inique la vertu, quand elle s'enjuponne dans les soutanes du rigorisme.

Croyez-vous sincèrement, mesdames, que les jeunes filles d'aujourd'hui, les demi-vierges en quête d'époux, offrent en amour plus de garantie que les demi-mondaines? Hélas! elles vont peut-être au bal avec la pensée du mariage, mais elles vont sûrement au mariage avec la pensée de l'adultère; et à qui devant elles s'agenouillerait, suppliant et pressant, beaucoup, sans doute, répondraient tranquillement :

« Patience, vous êtes sur la liste des amants que je prendrai quand on m'aura passé la bague au doigt. »

La différence des jugements portés sur l'épouse adultère et sur la demi-mondaine dénote une hypocrisie et une partialité flagrantes. Or, cette hypocrisie et cette partialité, qui pour certains constituent une marque de respect à l'adresse dé l'institution du mariage, en réalité battent en brèche cette institution : déjà fortement ébranlée par le divorce, elle risque de laisser le reste de son prestige à l'indulgence excessive dont on entoure les manquements aux devoirs qu'elle impose. Toutes les pensionnaires du Sacré-Cœur savent aujourd'hui que l'on peut faire casser une union devenue gênante quand on a cinquante louis dans sa poche, que le monde ferme les yeux sur l'adultère caché, que le oui solennel est, par suite, une simple plaisanterie.

Si vous voulez que les épousés prennent leur engagement au sérieux, commencez par l'y prendre vous-même; ne montrez pas pour les coups de canif une tolérance équivalente au pardon et à l'oubli. C'est ainsi, et c'est ainsi seulement, que vous rendrez à l'autel de l'hyménée la vénération qu'il a perdue. Exigez que les femmes soient Lucrèces, sinon admettez qu'elles soient Aspasies.

En tout cas, ne criez pas à l'abomination de la désolation, parce que, pour payer leurs fantaisies, quelques jolies filles ruinent quelques garçons

sans cervelle. Ces filles, somme toute, n'obligent personne à subir leurs
caprices; elles constituent un luxe qu'on est libre de prendre ou de laisser.
D'ailleurs, combien sont-elles, à Paris, dont le budget s'élève à cent mille
francs? Quinze peut-être, vingt tout au plus. Cela fait de quinze cent mille
francs à deux millions que paie chaque année, par cotisations volontaires,
le monde qui s'amuse. La belle affaire, en vérité, et le grand malheur!
Ce qui est regrettable, c'est, bien plutôt, qu'il ne sorte pas des bourses
qui sont trop bien garnies plus d'or à destination des bourses qui ne le
sont pas assez.

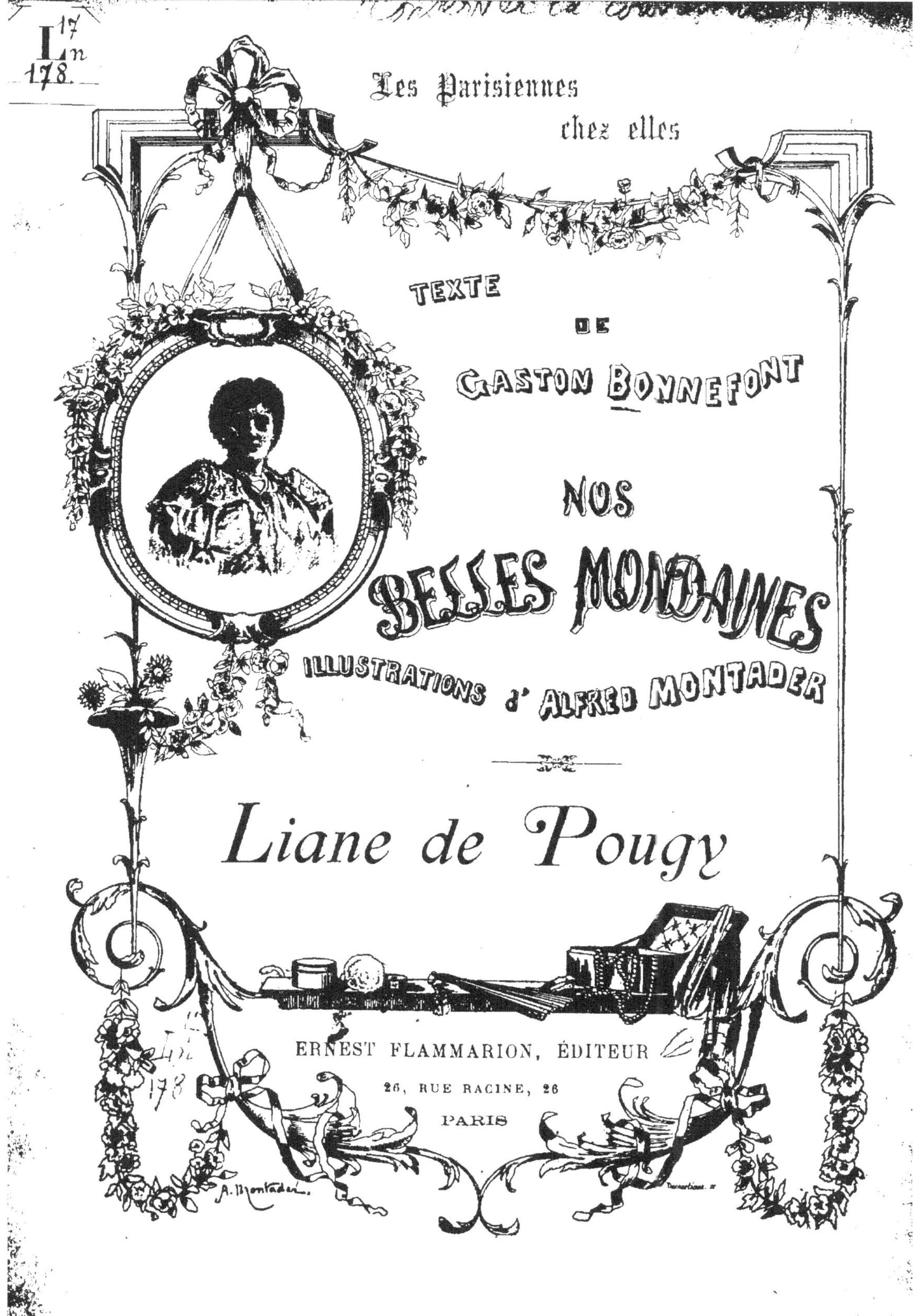

Les Parisiennes chez elles
TEXTE DE GASTON BONNEFONT
NOS BELLES MONDAINES
ILLUSTRATIONS d'ALFRED MONTADER
Liane de Pougy
ERNEST FLAMMARION, ÉDITEUR
26, RUE RACINE, 26
PARIS

Liane de Pougy.

Liane de Pougy.

'EST à la fois par les hommages reçus et par un roman dont le succès fut grand que Liane de Pougy a été sacrée la plus jolie femme de Paris. Vers elle, comme vers un centre d'attraction irrésistible, convergent la curiosité et l'adulation ; nulle, dans le monde où elle est souveraine, n'a une cour plus nombreuse ou de plus haut lignage. Dans toutes les capitales où l'a conduite sa fantaisie, elle a, par ses attraits et par son élégance, conquis un brevet de suprématie, réduit à l'impuissance absolue toute tentative de rivalité ; il lui a suffi de passer, les autres n'étaient déjà plus.

Les drames qui, dans sa vie, marquèrent de cruelles étapes, n'ont nullement altéré le velouté de son regard, la spontanéité de son sourire ; son front est vierge de toute ride, sa lèvre n'a aucun pli marqué par le chagrin. Si le mariage et la maternité ne lui donnèrent que quelques beaux jours, si l'époux jadis aimé n'est plus, si l'enfant jadis adoré ne connaît pas sa mère, aux angoisses et aux déchirements ont succédé le calme et le renouveau ; la femme a relevé la tête, redressé sa taille et séché ses yeux, oublié

les chants funèbres du passé pour écouter les sérénades entraînantes qu'auprès d'elle tintinnabulait l'avenir.

De sa demeure, maintenant, la tristesse est bannie. Ils peuvent aller ailleurs, les philosophes maussades ; ils peuvent frapper à une autre porte, les adeptes de l'ascétisme. Ici, il faut venir avec des rires et des chansons.

Vous voilà prévenu. Entrez !

Le hall, très grand, rectangulaire, est pareil à un salon. Les boiseries blanches sont entrecoupées de velours vieil or ; blanc et vieil or est aussi tout l'ameublement. Un retrait carré, éclairé d'en haut, a été disposé en boudoir ; un Pleyel à caisse blanche y occupe la place d'honneur. Près de la porte, une horloge ancienne est ornée à son sommet d'une couronne de comtesse, et, près de sa base, d'un blason : Liane de Pougy est une descendante des Montessuy.

Du hall, un long et large couloir conduit à la salle à manger. Aux murs de ce couloir, tendus d'une étoffe algérienne, sont fixées de nombreuses bannières, témoignages des succès remportés aux batailles de fleurs de Paris, de Nice, de La Condamine et de Menton.

Boiseries, buffets, table, chaises, tout est blanc dans la salle à manger, hors les panneaux des murs, les rideaux des deux fenêtres et les coussins mobiles des chaises, qui sont en velours vert. Le tapis est vieux rose, avec une bordure verte. Les étagères des crédences sont garnies de vaisselle d'argent. Sur la cheminée, en marbre veiné, se dressent deux superbes lampes, et, à côté, des candélabres en argent. L'ensemble est d'une coquetterie extrême.

Il faut, pour pénétrer dans le salon, revenir au hall, pousser une double porte à glaces. Ce salon — ce studio, comme dit Liane de Pougy — est en forme de rectangle très allongé. La fenêtre, qui ouvre sur l'avenue Victor-Hugo, occupe les trois quarts de l'un des

petits côtés de ce rectangle; elle est encadrée de divans très larges, qui se coudent aux angles des murs et se poursuivent contre les grands côtés de la pièce. Au-dessus de ces divans courent des galeries garnies de livres élégamment reliés, encombrées de photographies de jolies femmes. Sur la cheminée, qui se trouve au milieu d'un des grands murs, est placé un admirable vase-pendule en marbre polychrome, orné de cuivres d'un travail remarquable ; ce vase est entouré de grands candélabres en bronze, du style Louis XVI le plus pur. Un troisième divan coudé part de la cheminée. Au plafond est suspendu un superbe lustre en bronze. Aux murs,

tendus de rouge, de jolis portraits, deux aquarelles de Henri Pille, une esquisse de Fragonard, des dessins de Forain, de Caran d'Ache et de Leloir, des émaux, des photographies portant de flatteuses dédicaces, signées de princes ou d'artistes, enfin une magnifique tapisserie des Gobelins. Ajoutez des bibelots, dont la réunion suffirait à une salle de musée, des tables-vitrines contenant des collections de bijoux, des sièges aux étoffes chatoyantes, des fauteuils recouverts de vieille tapisserie, un délicieux bureau triangulaire, des Saxe et des marbres, de petits paravents, des fleurs : disposez tout cela en un arrangement où chaque chose mette les autres en valeur par des juxtapositions sans heurt et des contrastes habilement ménagés, et vous aurez une faible idée de cette exquise bonbonnière.

Mais la maîtresse de céans, direz-vous ? — La voici, mince et svelte, ondulante et sereine, drapée en un peignoir blanc et rose dont les plis harmonieux et flottants laissent deviner la pureté des formes de la femme. La tête, d'un ovale parfait, est couronnée d'une luxuriante chevelure blond vénitien. Pour peindre le vert des yeux, le nez droit et mince, la bouche finement arquée, pour rendre la fraîcheur du teint et le modelé des traits, il faudrait le pinceau de l'Albane ou celui du Corrège. Tout est grâce et harmonie en cette créature, que l'antiquité, adoratrice du beau eût voulu placer sur un autel ; elle tend ses petits doigts chargés de bagues, et sur eux on s'incline malgré soi, pour payer, en un effleurement discret des lèvres, sa part d'hommages et d'admiration.

Liane de Pougy est sans morgue et sans afféterie. Les triomphes répétés n'ont mis en elle aucune des petitesses que la vanité, si souvent, suggère aux femmes dont le succès n'est venu qu'à la suite d'efforts longtemps continués ; comme nulle contrainte jamais ne lui fut nécessaire pour corriger sa nature, comme jamais elle n'eut qu'à être elle-même pour conquérir tous les suffrages, elle n'a pas appris l'artifice, elle n'a recherché aucun des factices rehaussements qui leurrent sans convaincre et ne résistent pas à l'examen. Au milieu du luxe qui l'entoure et du prestige qui lui constitue une auréole, elle est dans l'élément auquel la destinait sa bonne étoile.

De ses traditions de famille, de l'éducation qu'elle reçut, des habitudes et des fréquentations d'autrefois, elle a conservé des marques distinctives ; elle peut donner à son langage la correction et l'élégance, éviter en son style toute maladresse grammaticale, maintenir sa façon d'être dans les limites de l'aristocratique courtoisie. Mais de l'observance des règles de la conventionnelle bienséance volontiers elle se joue ; fantaisiste elle est, et fantaisiste elle se montre aux habitués de son salon ; brusquement, sans crier gare, elle se lance parfois dans un réalisme qui ne recule ni devant

l'audace des images ni devant la verdeur des expressions, l'innocence de
son regard donnant un supplément de relief à la hardiesse de ses paroles.
Et c'est ainsi que, tour à tour grande dame et madame Sans-Gêne, Liane
de Pougy séduit également ceux du Gotha et ceux du Gil Blas ; il n'est que
les jolies femmes pour grouper de la sorte autour d'elles, sans qu'ils s'en
étonnent, les personnages les plus divers.

Celle-ci, d'ailleurs, est accueillante à ce point que, de ses journées,
nul moment ne lui appartient. Son salon n'est jamais vide, sa table n'est
jamais sans invités. Princes en villégiature parisienne, financiers au pesant
portefeuille, artistes en renom, sportsmen et clubmen, damoiselles dont la
beauté, sinon la noblesse, est authentique, chez Liane de Pougy se ren-
contrent, comme en un temple de république athénienne au fronton duquel
on inscrirait très justement la devise : liberté, égalité, fraternité.

Après avoir interviewé la femme, pénétrons dans sa chambre à coucher. La pièce, très spacieuse, est éclairée par deux baies qui laissent
entrer une abondante lumière. Les murailles sont blanches, avec des panneaux roses ; le plafond est bleu, avec des guirlandes de fleurs. Sur le
tapis vert olive sont étalées des peaux de tigres et des peaux de lions. Le
lit d'angle, en bois blanchi, monté sur une estrade, est garni de soie rose
et recouvert de dentelle de Bruges ; les rideaux sont en soie blanche, avec
des bordures de satin brodé. Devant ce lit, sur une table vitrée, sont dis-
posés les écrins de Liane de Pougy ; il y a là pour quinze cent mille francs
de bijoux : parures de brillants, de perles, d'émeraudes, de rubis, de tur-
quoises. Tout cela scintille, éblouit, émerveille. Une autre vitrine est rem-
plie de montres et de bracelets, de colliers et de chaînes, de flacons à
parfums, de chefs-d'œuvre d'orfèvrerie.

Sur la cheminée en marbre blanc trône la *Fortune*, de Franceschi, avec,
de chaque côté, des vases de porcelaine de Sèvres. A droite de cette cheminée, se dresse un secrétaire à deux corps, blanc, dont les panneaux sont
enjolivés de délicates peintures ; tout auprès, l'on a disposé une chaise
longue et des fauteuils. Puis, partout, abondent les photographies d'amis
et d'amies, beaux messieurs et belles dames dont les noms sont connus.

Enfin, sur une petite table un album est posé, rempli d'autographes.

Ah! de ces autographes quelle curieuse provende on tirerait, si l'on n'était discret! que d'échantillons de la bêtise des uns et de l'esprit des autres! On se contentera de reproduire quatre sonnets, quatre perles dont on regrette de ne pouvoir nommer les auteurs.

I

Sur le carreau de la fenêtre
Que le froid couvrait de flocons,
Un soir Musette voulut mettre
Du bout du doigt nos deux prénoms.

Mais le soleil fit disparaître,
Le lendemain, noms et glaçons,
Et de Musette un nouveau maître
Eut le sourire et les chansons.

De tous les amours d'ici-bas
C'est l'histoire. Il n'en reste, hélas!
Qu'un regret que le temps emporte.

Un regret et l'oubli... Tant mieux!
On serait bien trop malheureux,
Si l'on n'oubliait de la sorte.

II

Depuis quatre mois sans ouvrage,
Il n'avait plus que dix-huit sous,
— De quoi manger un maigre aux choux,
Avec du pain et du fromage.

« Allons, pensait-il, du courage!
Le Seigneur, qui veille sur nous,
De ma foi veut avoir le gage,
Et m'enverra des jours plus doux. »

Comme il regagnait sa ruelle,
Une vieille à voix de crécelle
Timidement lui dit : — « J'ai faim! »

Il donna, pour qu'elle eût du pain,
Deux sous, ses deux derniers, à celle
Que Dieu mettait sur son chemin.

III

Ce qu'il me faut, à moi poète, c'est l'extrême,
— L'extrême en bien, l'extrême en mal, l'extrême en tout.
Ce bon juste milieu, que la gent bourgeoise aime,
Ne fut et ne sera jamais fait pour mon goût.

La médiocrité ? Zut ! — Seigneur ou bohème,
C'est bien. Ils ont tous deux la fièvre, et leur sang bout.
Rêve ou réalité, leur objet est le même :
C'est *l'au-delà* que craint le sage et veut le fou...

Le fou, qui, d'après nous poètes, est le sage ;
Le fou, qui, se moquant du public comme il faut,
Dans son ciel noir ou bleu monte toujours plus haut ;

Le fou, qui veut les pleurs ou le rire au visage,
Et qui, sauf à crever devant que vienne l'âge,
Aura goûté la vie et su ce qu'elle vaut.

IV

Écoute, Suzon. — Ma seule culotte
Craque de partout. J'ai sous chaque bras
Un ventilateur à ma redingote,
Et mon vieux tromblon est luisant et gras.

Je porte au pied droit une antique botte
Dont les trous béants laissent voir mes bas ;
Au gauche, un soulier trop large où je flotte,
Et dont le talon est usé tout ras.

Aussi je ne puis, et je le regrette,
Te mener ce soir, dans cette toilette,
A quelque théâtre, en grands falbalas ;

Mais, si tu m'en crois, viens dans ma chambrette ;
J'aurai des draps blancs à notre couchette
Et je t'aimerai tant que tu voudras.

Vous remarquerez qu'en cette chambre tout est de couleur claire.
Liane de Pougy n'aime, en effet, rien de ce qui est sombre, rien de ce
qui peut évoquer une tristesse ou un deuil; elle ne veut voir de la vie
que les gaités qu'elle comporte, et de sa personne elle éloigne soigneu-
sement les atours qui ne sont
point parures de fête et

symboles de joie. Il lui faut du blanc,
du rose et du bleu, les teintes qui brillent et chatoient; elle acceptera
volontiers un marbre, elle refusera un bronze.

D'autres, différemment douées, redoutent l'uniformité, même dans les
manifestations du bonheur, et veulent les alternances qui aiguisent la
sensation. Affaire de nature et de goût. Liane de Pougy est pour la conti-
nuité des douces jouissances; elle estime qu'aux secousses violentes le

corps s'abîme autant que l'âme s'use, et, respectueuse de sa beauté, elle la ménage au lieu de la compromettre. Chez elle, point d'emportements; dans sa vie, autant de prévoyance que de caprice. La crainte de la fortune

adverse lui tient lieu de sagesse; elle met en ses actes de la méthode et de l'économie. C'est ainsi qu'elle prolongera sa jeunesse et sauvegardera l'avenir jusqu'aux plus lointaines années.

Par la richesse de son installation, le cabinet de toilette est digne de
la chambre. Les murs sont tendus de soie bleu de ciel ; la table est en bois

rouge, ornée de cuivres magnifiques, couverte d'une plaque de marbre
rouge et surmontée d'une grande glace, dont le fronton est décoré de deux

Amours en bronze doré ; le pot-à-eau, la cuvette et tous les ustensiles de toilette sont en or. De fantaisistes aquarelles signées Apoux et des estampes représentant des scènes joyeuses s'entremêlent de portraits féminins fort agréables à regarder.

Devant la fenêtre est placé un guéridon encombré des appareils multiples inventés par les maîtres de la coiffure. Au fond de la pièce est disposé, contre le mur, un large divan où se livrer, dans l'attitude du repos, aux soins du pédicure et du manicure, où se soumettre aux massages qui emportent les dernières traces des fatigues éprouvées.

Vous le voyez, Liane de Pougy a voulu, pour sa beauté, un cadre luxueux. Elle est la plus jolie femme de Paris ; elle est peut-être aussi la plus heureuse. Elle a la demeure d'une princesse et les parures d'une reine ; elle a toutes les jouissances que donne la fortune et les triomphes sans cesse renouvelés. Que pourrait-elle souhaiter davantage ?

Rien, direz-vous. Pardon, elle jugera son lot incomplet tant qu'à ses succès elle n'aura pas ajouté ceux que donnent le théâtre. La scène a pour elle de siréniennes attirances ; à la notoriété elle prétend joindre le talent. Chaque jour, de sa vie si occupée elle garde, pour le travail que l'art

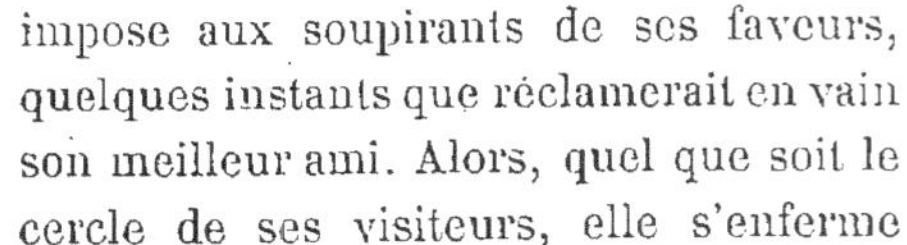

impose aux soupirants de ses faveurs, quelques instants que réclamerait en vain son meilleur ami. Alors, quel que soit le cercle de ses visiteurs, elle s'enferme avec son professeur et étudie ; sous sa direction, elle s'attaque aux œuvres des grands poëtes, à Racine et à Hugo, à Musset et à Coppée. L'avenir établira si son entreprise est téméraire, si, grâce à la persévérance dans l'effort, elle ne réussira pas à mêler à ses couronnes de fleurs quelques couronnes de laurier.

Que si, pour une fois, elle aboutissait à un échec, d'amples compensations lui resteraient. Elle devrait comprendre que l'on ne peut tout avoir en ce bas monde, que les horizons les plus limpides ont quelques points noirs et que dans l'existence la plus heureuse on compte quelques regrets; puis, pour achever de se consoler, elle pourrait se dire que, après tout, les diadèmes des reines de théâtre sont en carton et en chrysocale, tandis que les diadèmes des reines de beauté sont en or poinçonné et en pierres authentiquement précieuses.

PARIS. — IMP. E. FLAMMARION, RUE RACINE, 26.